IK 12/684

BIBLIOTHEQUE ROYALE

INDEMNITÉ

DE SAINT-DOMINGUE.

A Messieurs les Députés.

Une réclamation relative au mode de distribution des trois millions versés par Haïti et déposés en ce moment à la Caisse des Consignations, a été adressée au Gouvernement et aux Chambres par plusieurs indemnitaires.

Cette réclamation déjà favorablement accueillie par la Commission chargée d'examiner, à la Chambre des Pairs, le projet de loi relatif au nouveau traité avec Haïti (1), est faite pour exciter au plus haut degré la sollicitude de la Chambre élective.

---

(1) Voir le rapport de M. le marquis d'Audiffret, à son avant-dernier paragraphe, *Moniteur* du 8 février 1840.

Il s'agit en effet de faire cesser un privilége établi transitoirement en 1834, et qui, s'il était maintenu, consacrerait, au détriment d'un grand nombre d'indemnitaires, la plus flagrante des iniquités qui puisse être signalée à l'attention des législateurs.

Les faits exposés dans leur plus rigoureuse exactitude, viendront à l'appui de cette proposition.

La question à examiner est celle-ci :

Là loi de finances du 21 avril 1832 a mis à la charge des colons de Saint-Domingue les frais de liquidation de leur indemnité.

En exécution de cette décision, la loi spéciale du 23 mai 1834, a ordonné, sur le produit des intérêts dus par la Caisse des Consignations aux indemnisés, et s'élevant. à 4,209,437 fr. 30 c., le prélèvement préalable d'une somme de 2,505,069 fr. 34 c. pour remboursement au Trésor de ses avances, SAVOIR :

1.º Pour complément du 1.ᵉʳ 5.ᵉ de l'indemnité attribuée aux anciens colons de S.ᵗ-Domingue (1).   452.857 f. 04 c.

2.º Pour frais de liquidation. 2,052,212   30

TOTAL. . 2,505,069 f. 34 c.

Ici se présente une objection capitale.

---

(1) Le montant des versements effectués par Haïti étant de 29,300,000 fr. et celui du 1.ᵉʳ 5.º des indemnités liquidées de 29,752,057 fr. 04 c., il y avait une différence en moins de 452,857 francs 04 c. qui a été avancée par le Trésor, afin d'assurer le paiement du 1.ᵉʳ 5.ᵉ, et dont la loi de 1834 a ordonné le remboursement, sur le produit des intérêts dus par l a Caisse des Consignations.

Tous les indemnitaires étaient débiteurs au même titre, du Trésor, et devaient par conséquent contribuer dans une égale proportion au remboursement des avances faites pour le compte commun, dont le prélèvement avait été ordonné.

Le taux de cette contribution donne (à raison de 2,505,069 f. 34 c., montant du prélèvement pour 29,752,857 francs 04 c. , total du 1.er 5.e des liquidations opérées) , une moyenne proportionnelle de 8 $^2/_5$ p. % du 1.er 5.e de chaque liquidation.

C'est donc, en définitive, 8 $^2/_5$ p. % que le Trésor avait droit de répéter contre chacun des indemnitaires pour le remboursement de ses avances.

La solidarité n'existant point entre les indemnisés, et n'ayant été ni invoquée ni prononcée contre eux, tout ce qui a été prélévé en moins de 8 $^2/_5$ p. %, tout ce qui a été payé en plus, établit au profit des uns un privilége arbitraire, et au préjudice des autres, une violation du droit commun et une sorte de confiscation de leur propriété; car on a pris ce qui leur appartenait pour solder la dette de leur co-indemnisés sans s'inquiéter de la proportion dans laquelle chacun devait contribuer au remboursement prescrit par la loi du 23 mai 1834.

Telle a été la conséquence d'un prélèvement en masse et sans aucune distinction, substitué à une répartition au centime le franc, répartition ordonnée par l'art. 8 de la loi du 30 avril 1826, pour tout ce qui concerne l'indemnité de Saint-Domingue , et la seule, au surplus , que l'équité puisse admettre.

Il est, en outre, évident que les intérêts accumulés de 1826 à 1834 à la Caisse des Consignations et montant à 4,209,437 fr. 30 c. n'étaient pas dus dans la même proportion à tous les intéressés ; les uns ayant touché leur 1.er 5.e en 1826 et 1827, et n'ayant droit qu'à quelques mois d'intérês ; tandis que les autres, remboursés en 1830, 1831, 1833, étaient fondés pour une part plus forte dans le produit de ces mêmes intérêts , suivant l'époque où ils avaient touché le capital du 1.er 5.e de leur indemnité.

Il résulte de ce qui précède que le prélèvement des 2,505,069 fr. 34 c. dus au trésor, ayant été opéré en masse, aucune des parties intéressées n'a acquitté le montant exact de sa part contributive (8 2/5 p. %); les premiers remboursés ayant payé beaucoup moins qu'ils ne devaient, les derniers beaucoup plus.

Un exemple rendra cette vérité plus sensible. L'auteur de cette note citera celui de sa propre famille ; liquidée pour 487,000 fr. de capital, soit 97,000 par cinquième, elle n'a reçu ce premier 5.e qu'en juillet 1833. La date moyenne des versements d'Haïti ayant été fixée au 9 *avril* 1826, c'était par conséquent sept années d'intérêts à recevoir ; au taux de 3 p. % payé par la Caisse des Consignations ; cela fait 21 p. %, ou en argent 20,370 fr., somme pour laquelle la sus dite indemnité se trouvait fondée dans le montant des 4,209,437 fr. 30 c., produit des intérêts accumulés à la Caisse des Consignations.

Ainsi l'indemnitaire avait droit à sept années d'intérêts,

soit 21 p. %. . . . .   20,370 fr.

Dont il fallait déduire 8 2/5 p. % du montant de son 1.ᵉʳ 5.ᵉ pour sa part contributive
et proportionnelle dans le remboursement des
avances du trésor.   8,140

Il restait à recevoir. . . . .   12,230 fr.

Au lieu de cela, d'après le décompte
dressé par la Caisse des Consignations, il
n'a été tenu compte des intérêts qu'à raison
de 1 18/100 p. % par an, ou 8 26/100 pour
sept ans, en francs.   8,000

Différence au préjudice de l'indemnitaire.   4,230 fr.

Prenons maintenant l'hypothèse contraire. Supposons
que les 97,000 fr. du 1.ᵉʳ 5.ᵉ au lieu d'être touchés en
1833, l'aient été en 1826, six mois seulement après l'é-
poque à laquelle les intérêts ont commencé à courir au
profit des colons.

Dans cette hypothèse, il aurait été dû à l'indemnitaire
six mois d'intérêts, à 3 p. % par an. . . . .   1,455 fr.

Mais il aurait eu lui-même à payer pour sa
part contributive dans les avances rembour-
sées au Trésor en 1834 (8 2/5.ᵉ p. %° du
montant de son 1.ᵉʳ 5.ᵉ)   8,140

Différence à rapporter par l'indemnitaire.   6,685 fr.

Non-seulement la Caisse des Consignations n'a pas
réclamé le paiement de ces 6,685 fr., mais encore elle a
fait participer celui qui aurait dû les rembourser, à la
répartition de 1 18/100 p. % par année opérée par elle,

sur le solde resté libre après prélèvement des avances du Trésor.

Ainsi, dans la première hypothèse au lieu de se borner à faire supporter à l'indemnitaire sa part contributive de 8,000 fr. (8 2/5 p. %.) On lui a retenu 12,370 fr. sur les 20,370 fr. auxquels il avait droit, c'est-à-dire 4,230 fr. de plus qu'il ne devait payer.

Dans la seconde, au lieu de faire rapporter au 2.e indemnitaire les 6,685 fr. qu'il devait pour solde de sa quote part dans les avances du Trésor, au même titre et pour la même cause que son co-indemnisé, on lui a compté, à raison de 1 18/100 p. % par an, 533 fr. pour six mois d'intérêts. Il est donc resté débiteur d'une somme totale de 7,218 fr.

Ces calculs sont incontestables et démontrent l'inégalité et l'injustice du mode de distribution adopté par la Caisse des Consignations, en exécution du prélèvement de 1834.

Et pourtant la loi du 30 avril 1826, qui régit encore l'indemnité de Saint-Domingue, avait ordonné que *l'excédant ou le déficit, s'il y en avait, serait réparti au centime le franc !*

Le moment est venu de faire cesser un état de choses qui porte une si grave atteinte aux principes de légalité et de justice dont on aurait jamais dû s'écarter. Une occasion favorable se présente de satisfaire aux prescriptions du droit commun et de la loi de 1826. On ne doit pas la laisser échapper. Mais, avant d'aborder cette partie de la discussion, empressons-nous de reconnaître que le principe du prélèvement en masse admis par la loi de 1834, cause unique des injustices dont on demande le redressement, n'a été adopté par les deux Chambres, qu'avec la plus vive répugnance. Voici comment s'exprimait à ce sujet, le rapporteur de la loi de 1834, à la Chambre des Députés, M. Giraud (de la Drôme).

« Les colons ont reçu leur premier cinquième pendant
» sept ans, à différentes époques; depuis le 9 octobre
» 1826, jour du premier paiement, jusqu'au 31 décembre
» 1833, ou le compte des intérêts a été arrêté. Il en est
» même qui ont encore à le recevoir. Tous avaient droit,
» aux termes de la loi, à un intérêt de 3 p. %, de leur ca-
» pital; tous devraient aussi, puisque des prélèvements
» sont faits sur la masse, les supporter en raison du
» montant de leur indemnité. Or, d'après le projet du
» Gouvernement, la contribution des colons dans ces
» prélèvements s'opère à l'avantage de ceux qui ont été
» payés les premiers, et au détriment des derniers, aux-
» quels cependant on né saurait imputer le retard de
» paiement dont ils sont victimes.

« En d'autres termes, deux colons pour la même in-
» demnité, et uniquement parce qu'ils auront touché leur
» quote-part l'un en 1826 et l'autre en 1833, contribue-
» ront aux frais, le second dans une proportion quatorze
» fois plus forte que le premier (1). »

Le rapport de la Commission de la Chambre des Pairs, présenté par l'honorable M. Gautier, n'est pas moins explicite.

« Les premiers payés, y est-il dit, auront donc sur

---

(1) *Moniteur*, 1834, page 724, 1.re colonne. Séance du 27 mars

» les derniers payés, outre l'avantage d'avoir pu dis-
» poser de leur capital à leur gré et d'en avoir perçu
» les intérêts au cours, celui de n'être soumis que pour
» un temps beaucoup moins long, ou même de n'être pas
» soumis du tout à la réduction des intérêts, qui est
» le résultat du prélèvement. C'est là, Messieurs, une
» disposition évidemment injuste. La Commission de la
» Chambre des Députés l'a reconnue; mais elle a inutile-
» ment cherché les moyens de réparer une inégalité qui
» blesse si manifestement l'équité...., et elle s'est vue
» réduite à proposer l'adoption du système indiqué par
» le projet de loi. Nous sommes obligés, Messieurs,
» de vous avouer que nous n'avons pas été plus heu-
» reux, et que votre Commission, après de longues et
» pénibles recherches, n'a pu trouver la possibilité de
» régler la distribution du reliquat des intérêts, de ma-
» nière à ce que la participation de chaque indemnitaire
» aux frais de liquidation fût égale. *L'obstacle devant*
» *lequel nos efforts ont échoué, c'est l'impossibilité évi-*
» *dente d'obtenir des colons qui ont été payés les pre-*
» *miers, et qui, pour la plupart, ont employé la plus*
» *grande partie de leur part d'indemnité au paiement*
» *de leurs dettes, le rapport de ce qu'aujourd'hui, et*
» *après le règlement combiné du prélèvement et des*
» *intérêts, ils se trouvent avoir reçu de trop* (1). »

Ainsi, il demeure établi que l'insolvabilité présumée
d'une partie des débiteurs, et la difficulté d'obtenir d'eux
le remboursement de leur part contributive dans les

---

(1) *Moniteur*, 1834, page 1279, 2.e colonne.

avances du Trésor, ont seules déterminé le mode de prélèvement prescrit par la loi de 1834. Les Commissions, nommées dans les deux Chambres pour l'examiner, ont été les premières à en signaler l'inégalité et l'injustice. C'est parce qu'il y avait *impossibilité évidente* de se faire payer d'une portion des indemnitaires, que les Chambres, *malgré leur répugnance*, ont voté l'adoption d'une loi, qui, en dernière analyse, prend, dans la poche de *Pierre*, la somme nécessaire pour acquitter la dette de *Paul!*

Sans discuter une si étrange doctrine ni les motifs allégués, pour la faire valoir, par le ministre des finances d'alors, M. Humann, adversaire personnel des colons, hâtons-nous de faire remarquer que l'*impossibilité signalée* en 1834, n'existe plus aujourd'hui. La Caisse des Consignations est dépositaire de trois millions, appartenant aux colons de Saint-Domingue. Cette somme est plus que suffisante, pour permettre d'opérer les rectifications de répartition, nécessaires pour rétablir une égalité parfaite entre la position de tous les indemnisés, et pour satisfaire au vœu exprimé par les Commissions des deux Chambres, d'arriver enfin à une répartition *équitable* et *au centime le franc* du prélèvement de 2,505,069 fr. 34 c., opéré en 1834.

Et quelles difficultés pourrait présenter une pareille opération? Les éléments n'en sont-ils pas réunis à l'avance? Le taux de la part contributive de chaque liquidation dans les 2,505,069 fr. 34 c., remboursés au Trésor, n'est-il pas facile à calculer, n'est-il pas connu? La Caisse des Consignations n'a-t-elle pas le détail de ce qu'elle a payé d'intérêts, en vertu de la loi de 1834, à chacun des indemnisés?

Veut-on savoir comment s'établira le décompte final qu'elle aura à dresser ? Rien n'est plus simple. Il ne s'agira que d'ouvrir un compte en trois articles, à chaque liquidation. Le premier présentera, à l'AVOIR, le montant total des intérêts à 3 °/₀ (taux auquel il en est tenu compte par la Caisse des Consignations), lesdits intérêts, calculés depuis la date moyenne des versements d'Haïti, jusqu'au jour où l'indemnitaire a touché le 1.ᵉʳ 5.ᵉ de son indemnité. Le second et le troisième article comprendront, AU DÉBIT, d'une part les 8 2/5 p. °/₀ dus au Trésor, et de l'autre, le montant des intérêts payés, en vertu de la loi de 1834 (1). Le solde créancier ou débiteur accroîtra

---

(1) On verra, par les exemples suivants, à combien peu de choses se réduit le mécanisme de cette opération :

PREMIER EXEMPLE DÉJA CITÉ A LA PAGE 5.

Indemnité A.

1.ᵉʳ 5.ᵉ de 97,000 fr., touché en juillet 1833.

	Doit.	Avoir.
7 années d'intérêts à 3 p. 0/0		20,370 fr.
8 2/5 p. 0/0 remboursés au Trésor . . 8,140	}	16,140 fr.
Intérêts payés par la Caisse des Consig. 8,000		
Solde en faveur de l'indemnité A		4,230 fr.

DEUXIÈME EXEMPLE

Indemnité B.

1.ᵉʳ 5.ᵉ de 97,000 fr., touché en octobre 1826.

	Doit	Avoir.
6 mois d'intérêts à 3 p. 0/0 l'an		1,455 fr.
8 2/5 p. 0/0 à rembourser au Trésor . . 8,140	}	8,673 fr.
Intérêts payés par la Caisse des Consig. 533		
Solde à rembourser par l'indemnité B . . .		7,218 fr.

ou diminuera la somme revenant à chaque partie prenante, dans la distribution des trois millions dernièrement versés à la Caisse des Consignations, et les certificats au porteur, mentionnés dans la loi nouvelle, seront délivrés, en conformité de ce décompte.

Rien de plus légal qu'une pareille mesure. Elle est, comme on l'a vu, la conséquence nécessaire des opinions émises à la tribune par les organes officiels des commissions des deux Chambres. Dernièrement encore, M. le marquis d'Audiffret, au nom de la Commission chargée par la Chambre des Pairs de l'examen du projet de loi de répartition soumis en ce moment à la Chambre des Députés, en a recommandé l'exécution à M. le Ministre des finances, lui rappelant que la loi a voulu *que les frais de liquidation prélevés en 1834 fussent également supportés par toutes les parties, et que l'irrégularité qui a été commise doit être rectifiée sur la distribution des fonds restant encore à répartir* (1).

M. le Ministre des finances n'aurait sans doute pas besoin de cet avertissement, pour comprendre les obligations que la loi et les antécédents lui imposent. Toutefois, il importe aux victimes de la répartition de 1834, d'éclairer sa religion et celle des Chambres; il importe surtout que le Ministre veuille bien s'expliquer, et rassure les intérêts lésés, par la promesse de leur rendre justice, afin que si, par impossible, cette réparation tardive leur était refusée, on puisse encore en appeler de l'injustice

____

(1) *Moniteur* du 8 février 1840.

de l'administration à la haute et équitable impartialité, et au respect pour la loi de la Chambre des Députés.

On l'a déjà démontré, la cause unique qui a déterminé l'adoption de la répartition de 1834, n'existe plus aujourd'hui. En revanche, la présentation même du nouveau projet de loi de répartition, en fournissant un moyen facile de faire enfin contribuer tous les indemnitaires dans une égale proportion au prélèvement de 1834, ne permet plus d'ajourner davantage la solution de cette question. Tant que le règlement définitif de l'indemnité est resté en suspens, par suite du défaut de conclusion des négociations avec Haïti, on conçoit qu'on ait pu regarder toutes les répartitions intervenues comme provisoires, aux termes de l'article 8 de la loi du 30 avril 1826, ainsi conçu : « *L'excédant ou le déficit, s'il y en a, accrot-* » *tra ou diminuera la répartition des derniers cinquièmes* » AU CENTIME LE FRANC *des indemnités liquidées.* » Mais, aujourd'hui que l'hypothèse prévue par la loi de 1826 s'est réalisée, et que le projet de loi soumis aux délibérations des Chambres, règle *la répartition des derniers cinquièmes* de l'indemnité, il n'y a plus moyen de reculer ; il faut que cette répartition s'effectue au *centime le franc ;* et elle ne peut l'être, si l'on ne fait pas contribuer également, par un redressement de calcul, tous les indemnitaires au remboursement du prélèvement opéré en 1834, au profit du Trésor.

Le moment est donc venu de satisfaire aux dispositions impératives de l'article 8 de la loi de 1826. Il est d'autant plus nécessaire d'opérer la rectification demandée, que si l'on ne profite pas de la circonstance actuelle, pour rétablir un juste équilibre dans la position des indemnisés, il ne restera aucun moyen de l'effectuer plus tard, lorsque des certificats au porteur, négociables à la Bourse, auront été délivrés aux parties prenantes. De sorte que, si la réclamation des indemnitaires lésés par la loi de 1834 n'était pas écoutée, la distribution essentiellement provisoire, opérée en vertu de cette loi, deviendrait irrévocable, et consommerait ainsi une injustice reconnue telle par les premiers pouvoirs de l'État, et cela au moment où il était le plus facile de la réparer! Enfin, on ajouterait, à un pareil déni de justice, la violation manifeste de l'article 8 de la loi du 30 avril 1836, violation qui, par une étrange anomalie, recevrait son accomplissement au moment même où l'article 1.ᵉʳ de la nouvelle loi de répartition fait une application formelle du mode de distribution *au centime le franc*, prescrit par la loi de 1826 (1).

Dans cet état de choses, il n'est besoin d'aucune disposition nouvelle pour faire droit à la juste demande des réclamants. La loi de 1826 existe, il ne s'agit que de l'exécuter; en soumettant tout ce qui concerne l'indemnité au mode de distribution prescrit par son article 8.

Un mot encore, et ce sera une preuve de plus de l'impossibilité de maintenir le *statu quo* de 1834 dans cette grave matière, et de l'absolue nécessité de répartir les charges de l'indemnité *au centime le franc* entre tous les ayant-cause, comme on en a réparti et comme on veut en répartir les avantages et les produits.

---

(1) *Les sommes versées par Haïti, etc., seront réparties au marc le franc des liquidations faites, en exécution de la loi du 30 avril 1826* (Art. 1.ᵉʳ du projet de loi.)

On n'a pas oublié que , dans le remboursement effec-
tué en 1834, deux espèces d'avances très-distinctes avaient
été faites par le trésor, l'une pour les frais de liquidation , l'autre pour compléter le montant du premier 5.ᵉ
de l'indemnité. Cette dernière s'est élevée à 452,857 fr.
04 c. Aujourd'hui, elle se trouve avoir été remboursée
par les indemnitaires , c'est-à-dire par ceux des indemnitaires auxquels appartenaient les intérêts dus par la
Caisse des Consignations, et cela dans la proportion des
droits de chacun sur ces intérêts. Mais, en définitive,
cette somme prélevée sur des colons pour acquitter l'indemnité d'autres colons, n'a été qu'avancée par eux.
Haïti, qui la doit, en fera le remboursement, ainsi que
le prévoit le projet en discussion, lorsqu'il parle (art. 9)
du premier 5.ᵉ de l'indemnité, versé ou a verser. Hé
bien ! veut-on savoir quelles seront les conséquences
de ce remboursement, si l'on ne se hâte de rectifier la
distribution de 1834, et de faire supporter à chacun
sa part contributive et proportionnelle dans les retenues
opérées à cette époque ? Ces conséquences, les voici :
On ne rendra pas à ceux qui ont supporté le prélèvement de 1834 ce qu'on leur a pris , dans la
proportion des retenues faites. Non ! On a prélevé
en masse et sans distinction les 452,857 francs
04 c., faisant contribuer *les uns pour une part quatorze fois plus forte que les autres* (1) ; et pourtant aux
termes de la loi en discussion (qui n'admet pas d'autre
mode de distribution), on répartira ces mêmes 452,857

---

(1) Rapport de M. Giraud (de la Drôme), à la Chambre des
Députés.

fr. 04 c. *au centime le franc*, de telle sorte que ceux auxquels on aura fait payer 14 fois plus qu'à leurs co-indemnitaires, ne recevront qu'une part égale à la leur, dans le remboursement *intégral* d'une dette dont ils ont fait l'avance presque seuls. Haïti se libérera, mais les victimes de la répartition de 1834 n'y gagneront rien. Il ne leur sera pas davantage tenu compte de ce qu'on les a forcées de payer. La répartition de 1834, si elle est maintenue, se sera chargée de leur faire éprouver d'avance une véritable banqueroute.

En vérité, la justice peut-elle procéder ainsi? Les réclamants ont trop de confiance dans la probité de M. le Ministre des Finances et dans la sollicitude éclairée de la Chambre des Députés, pour pouvoir l'appréhender un seul instant. Il n'est personne en France qui veuille attacher son nom à une spoliation sans exemple, qui n'aurait plus même pour excuse cette loi suprême de la nécessité invoquée en 1834! Mais si jamais, ce qui n'est pas à craindre, une pareille iniquité venait à être consacrée par un vote, ou par le maintien de ce qui existe, on devrait plaindre les législateurs dont la religion aurait ainsi été surprise, et l'on pourrait leur appliquer à juste titre ces paroles d'un des plus ardents défenseurs de la légalité. (1) « *Vous en avez le pouvoir, mais vous n'en avez pas le droit.* »

CHARLES DE **BOUTEILLER**,
Ancien Député.

(1) M. Lainé.

NANTES, IMPRIMERIE DE CAMILLE MELLINET. — 30,900.

BIBLIOTHÈQUE ROYALE

www.ingramcontent.com/pod-product-compliance
Lightning Source LLC
LaVergne TN
LVHW011053050726
842519LV00004B/1613